Der Verbastelblock
FÜR KREATIVE KIDS

FROHE WEIHNACHTEN

INHALT

VERBASTELN – LOS GEHT'S!

Such dir ein Bastelprojekt im Block aus. Den Bastelbogen kannst du ganz einfach durch leichtes Ziehen aus dem Block lösen. Für viele Projekte gibt es außerdem eine kleine Hintergrundwelt. Löse auch diese aus dem Block. Jetzt kannst du mit dem Basteln starten!

SO GEHT'S

Auf den Bastelbogen sind unterschiedliche Zeichen und Linien. Hier siehst du, was sie bedeuten.

Schneiden ·········
Die gepunkteten Linien sind Schneidelinien. Entlang dieser Linien schneidest du Teile aus oder ein.

Aufrollen
Bei diesem Symbol wird das Papier gerollt. Wickle das Papier dafür am besten um einen Stift.

Falten -------
Die gestrichelten Linien sind Faltlinien. Entlang dieser Linien faltest du das Papier. Wenn zwei gerade Faltlinien nebeneinanderliegen, werden sie im Zickzack gefaltet.

Kleben
Der Klebstift zeigt, dass etwas aufgeklebt werden soll. Brauchst du nur an einer bestimmten Stelle etwas Kleber, dann haben die Motive an der Stelle eine schraffierte Fläche.

BASTELTIPPS

Schneiden

Zum Schneiden brauchst du beide Hände. Eine Hand hält die Schere, die andere Hand dreht das Papier.

Halte die Schere so, dass dein Daumen nach oben zeigt. Du hast die richtige Haltung, wenn du deinen Daumennagel beim Schneiden sehen kannst.

Wenn du mit der rechten Hand schneidest, arbeite gegen den Uhrzeigersinn. Wenn du mit der linken Hand schneidest, arbeite mit dem Uhrzeigersinn. So hast du die Linien besser im Blick.
Ausnahme: Ist eine Ecke so spitz, dass du die Schere nicht gut wenden kannst, dann schneide von der anderen Richtung runter zur Spitze.

Falten

Suche dir zum Falten einen glatten Tisch oder eine andere stabile, gerade Unterlage.

Beim Falten ist es wichtig, genau zu arbeiten.
Der Knick sollte immer exakt auf der Faltlinie sein.

Wenn du das Papier gefaltet hast, dann streiche mit deinem Finger oder dem Daumennagel über die Kante – so wird der Knick schön glatt.

Kleben

Am besten benutzt du für die Projekte in diesem Buch einen Klebestift, du kannst aber auch andere Kleber verwenden.

Bevor du anfängst, solltest du zum Schutz ein Stück Karton oder etwas Zeitungspapier auf deinen Tisch legen.

Beim Kleben gilt das Motto: Weniger ist mehr!
Dreh den Klebestift nur ein kleines Stück heraus und streiche vorsichtig über das Papier.
Wenn du etwas aufgeklebt hast, drück es mit der Hand oder einem Finger gut fest.

Vergiss nicht, am Ende wieder den Deckel zu schließen, sonst trocknet dein Kleber aus.

STERN
ZIVA

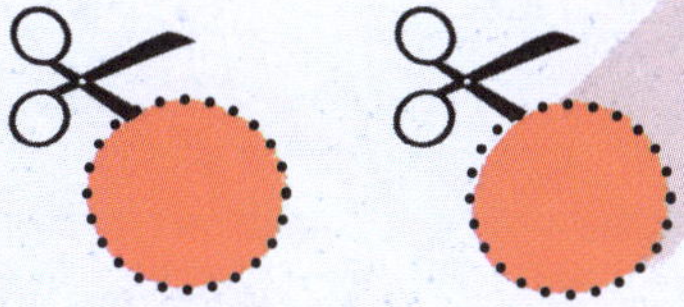

VERGNÜGTES SPIEGELBILD

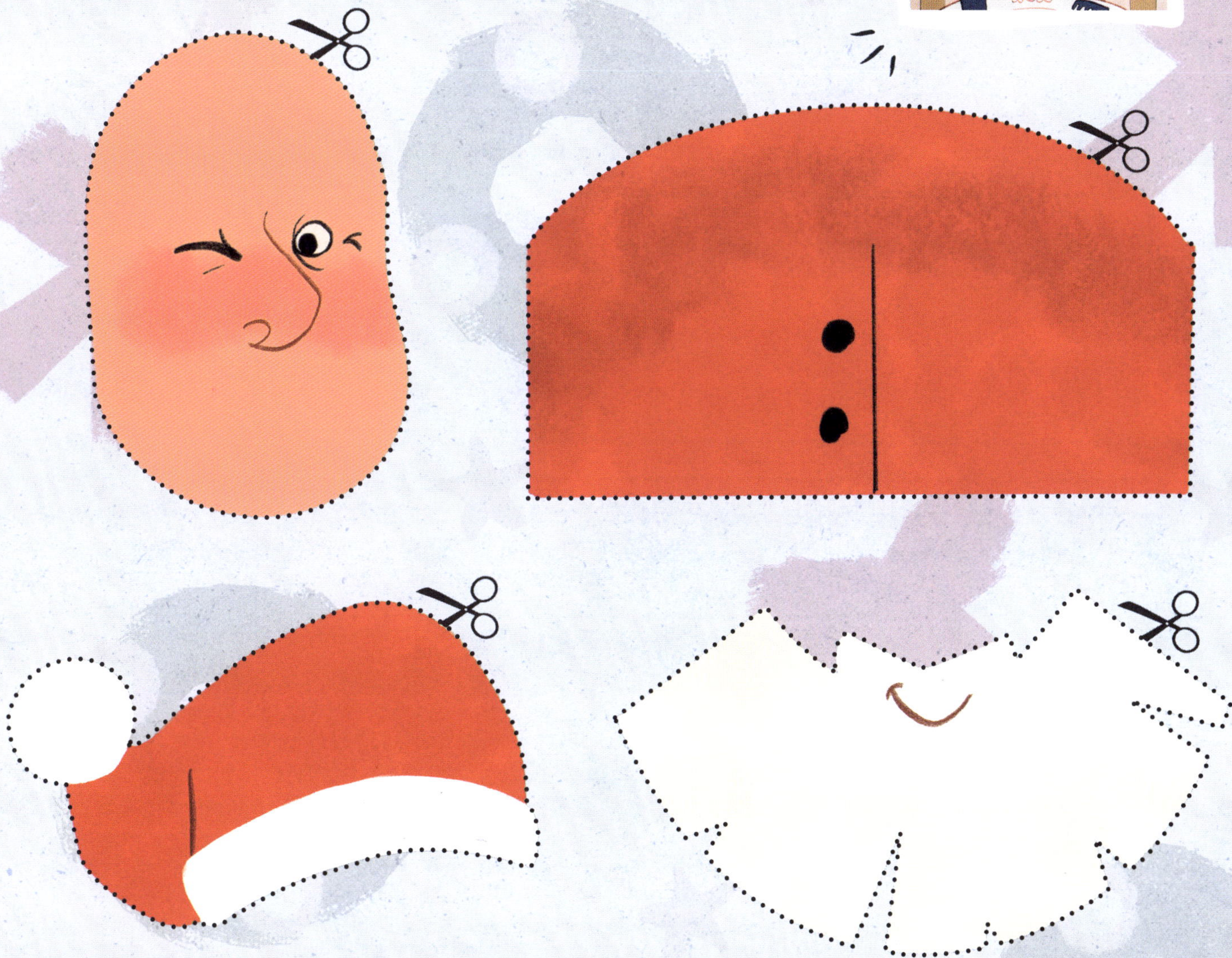

VON: ____________________

FÜR: ____________________

FRÖHLICHE SCHNEEMÄNNER

LICHTERKRANZ

WICHTEL NILS

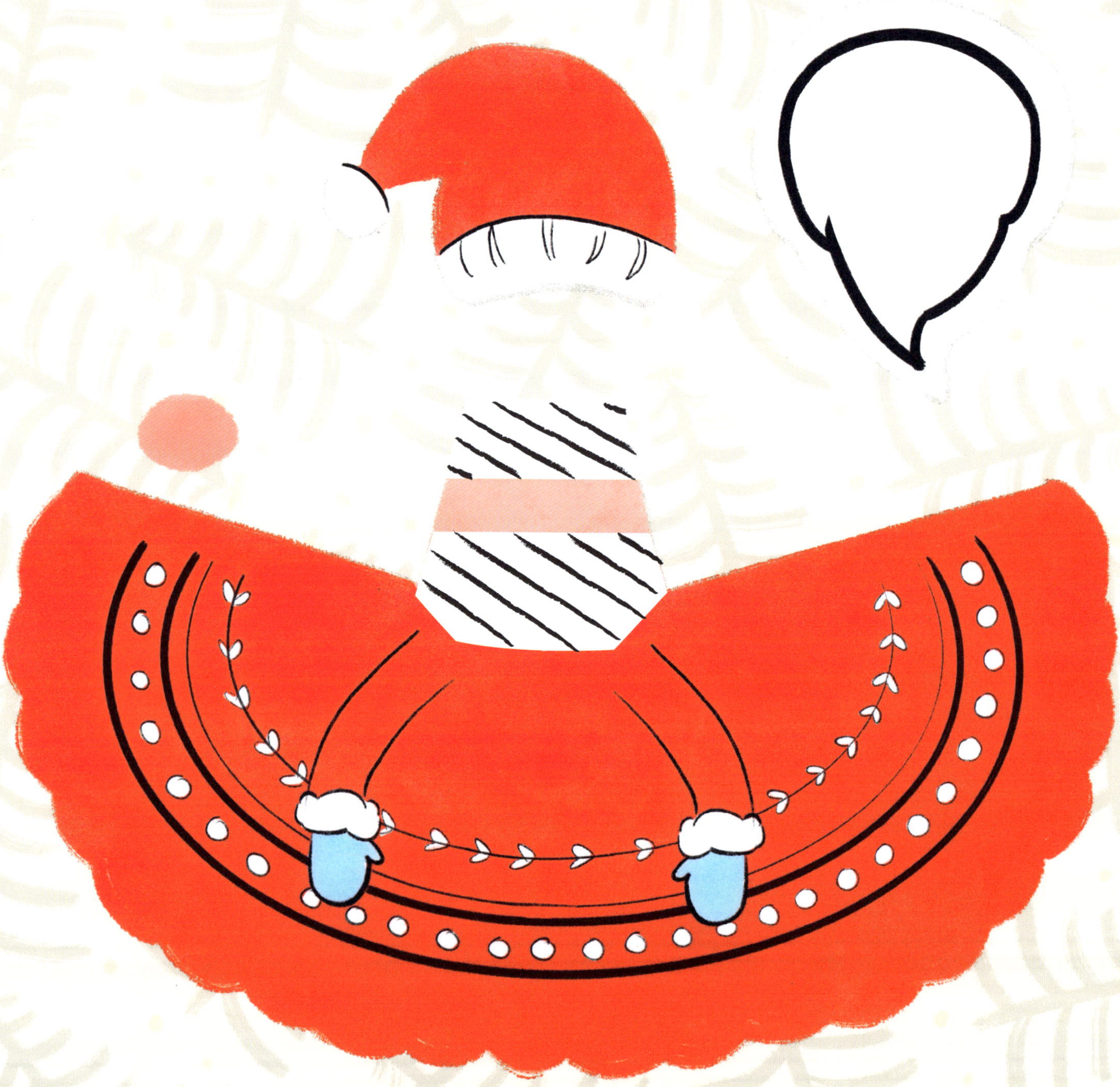

SCHNEEKUGEL

VON: ______________________

FÜR: ______________________

SKI-
LUMI

PINGUIN TALVI

RENTIER
RUDI

EISBÄR
NANUK

ELF AMIN

VON: ______________________

FÜR: ______________________

LEBKUCHEN-HÄUSCHEN

HEILIGE DREI KÖNIGE

VON: ____________________

FÜR: ____________________

SCHAUKELPFERD KONSTANZE

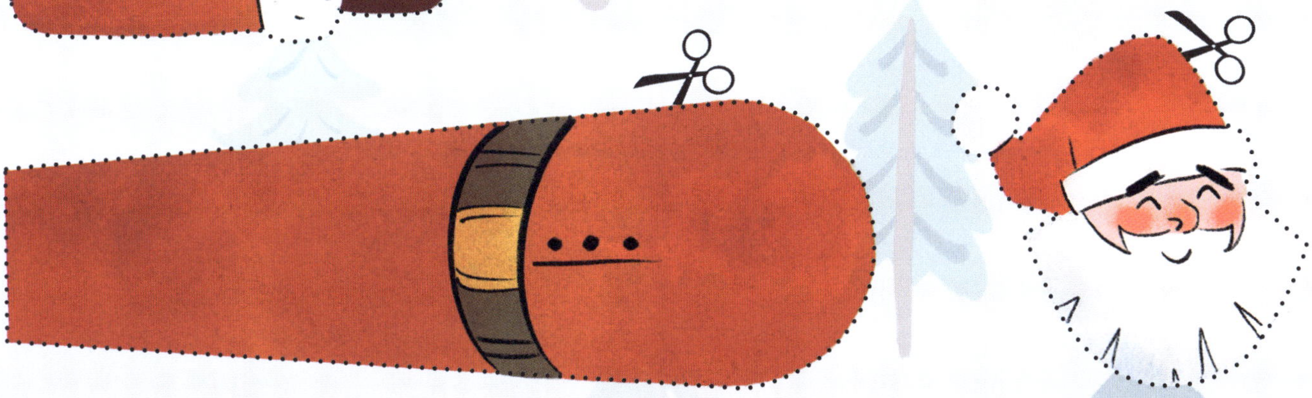

HALLO WEIHNACHTSMANN

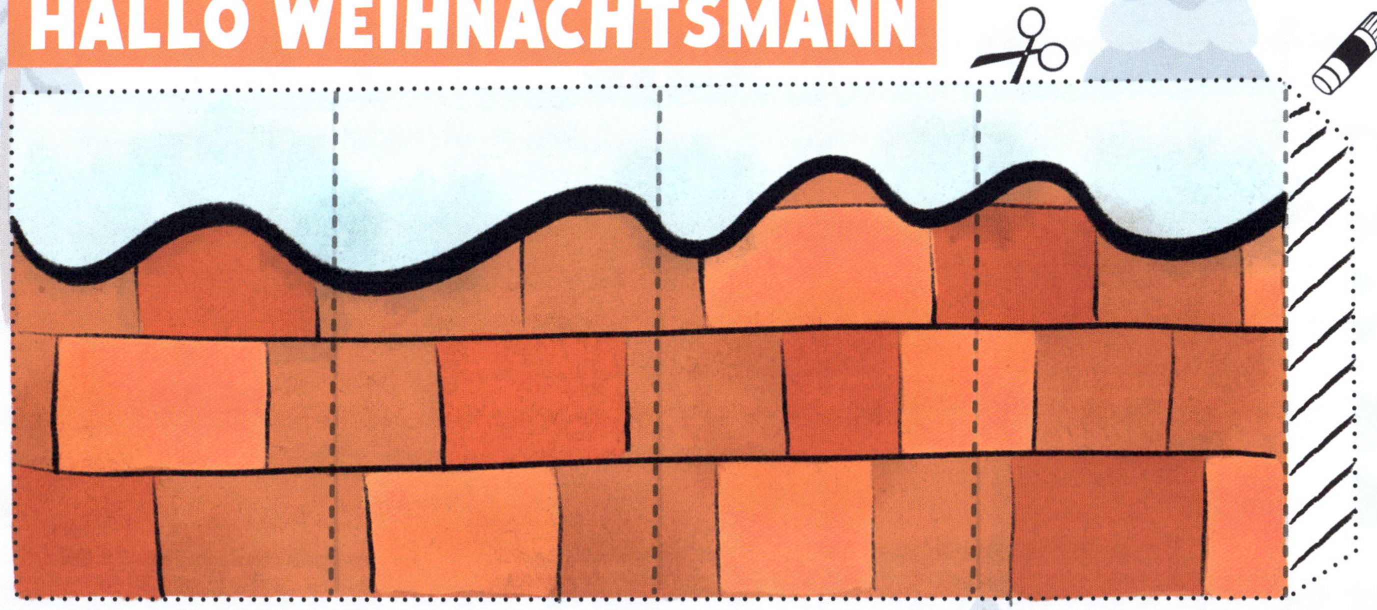

FESTLICHER
BAUMSCHMUCK

VON: ____________________

FÜR: ____________________

BUCHTIPPS

Noch mehr kreative Bücher gesucht?

ISBN 978-3-7358-9184-6

ISBN 978-3-7358-9260-7

ISBN 978-3-7358-9035-1

ISBN 978-3-7358-9150-1

ISBN 978-3-7358-9151-8

ISBN 978-3-7358-9106-8

ISBN 978-3-7358-9235-5

ISBN 978-3-7358-9238-6

Weitere Kreativbücher findest du auf www.TOPP-kreativ.de

DIE AUTORIN

Annelie Schulze, geboren 1998 in Münster, entdeckte schon früh ihre Leidenschaft fürs Zeichnen und Basteln. Schon als Kind verlor sie sich begeistert in Charakteren und Geschichten. Diese kreative Neugier führte sie während ihres Studiums und durch Praktika quer durch Europa – von den Niederlanden über Rom und Paris bis nach Brüssel. Mit einer Liebe fürs Geschichtenerzählen begeistert sie sich an Kinderbüchern, Bastelprojekten, Animationen und Spielen.

SERVICE-HOTLINE

Hast du Fragen oder gibt es ein Problem? Wir helfen dir gern. Ruf uns an oder schreib uns eine E-Mail:
Telefon: **0711 / 123 757 20***
*normale Telefongebühren
E-Mail: **hilfe@frechverlag.de**
Weitere Informationen zum Verlag und zu unserem gesamten Programm findest du unter: **www.topp-kreativ.de**

IMPRESSUM

Modelle, Illustrationen und Fotos: Annelie Schulze
Produktmanagement: Nele Schlötzer
Covergestaltung: Eva Hook
Herstellung und Satz: Jessica Siebert
Druck und Bindung: Drukarnia Interak Sp. z o.o.

1. Auflage 2025

produktsicherheit@frechverlag.de

MIX
Papier | Fördert gute Waldnutzung
FSC® C015559
FSC www.fsc.org

Penguin Random House Verlagsgruppe
FSC® N001967

ISBN 978-3-7358-9256-0 • Best.-Nr. 29256